Hipo - Fred Diamz - Valette - Passaglia - Guedj

VIE DE MERDE

en vacances

Michel Lafon
Jungle!

Merci à l'équipe jungle, à Jérôme pour ses couleurs,
à mes parents et à mes amis pour leur soutien.

Fred Diamz

Scénario : Hipo
Dessin : Fred Diamz
Couleurs : Jérôme Brizard

Ouvrage publié sous la direction de
Maxime Valette, Guillaume Passaglia, Didier Guedj.

ISBN : 978-2-874-42756-5
N° d'édition : : L.10EBBN001149.N001

Première édition - juin 2011

Imprimé et relié en France par PPO Graphic. Dépôt légal : juin 2011 ; D.2011/0053/381

Aujourd'hui, j'ai vraiment besoin de me changer les idées...

AAH, ENFIN LES VACANCES ! J'Y CROYAIS PLUS...
ÇA VA ME FAIRE UN BIEN FOU...
MON PAUVRE CHERI !
JE COMMENÇAIS VRAIMENT À ÊTRE EPUISE !
AAAAH, LE PÉAGE, LÀ ÇA SENT VRAIMENT LES VACANCES !
ACHILE
EUH, C'EST NORMAL ? TU VIENS DE JETER TA CARTE BLEUE DANS LE PANIER À MONNAIE...

VDM

Aujourd'hui, c'est plage et soleil sans complexe...

VERY NICE T-SHIRT ! VERY NICE T-SHIRT ! YOU WANT A T-SHIRT ?
NON MERCI.
YES, YES I HAVE BIG SIZE FOR YOU !

VDM

Aujourd'hui, je lui sors le grand jeu sous les cocotiers...

ALORS, ELLE ETAIT PAS BIEN MA SURPRISE ?
UN BAIN DE MINUIT... QUELLE BONNE IDÉE...
TOI ET MOI NUS SOUS LA LUNE... JE VOULAIS QUE CETTE SOIREE SOIT LA PLUS ROMANTIQUE DE TA VIE.
ET MAINTENANT UN BON PETIT REPAS AUX CHANDELLES...
SA RACE !!! ON S'EST FAIT PIQUER NOS AFFAIRES !!!
TOI ET TES IDÉES À LA CON...
TROP ROMANTIQUE TA SOIREE !
HOTEL
TUNISIA
HOTEL

VDM

Aujourd'hui, je m'organise une petite before pour préparer l'after...

CE SOIR, PREMIÈRE TEUF EN BOÎTE POUR FÊTER LES VACANCES !
VU LEUR PRIX D'ESCROCS SUR LES BOISSONS, AUTANT PRENDRE UN PEU D'AVANCE...
CE SOIR, ÇA VA DÉCHIRER !
'Y AURA DE LA MEUF... FAUT QUE J'ASSURE...
C'EST BON, LÀ J'AI LA PATATE !!!
RRRZZZZRRRZZZZZ
23:35

VDM

Aujourd'hui, j'ai découvert l'effet papillon...

AAAH, QUE C'EST COOL LES VACANCES...
TIENS, EST-CE QUE JE SAIS TOUJOURS NAGER LE PAPILLON ?
MMMH, PAS MAL, J'AI FAIT DES PROGRÈS DEPUIS L'ÉTÉ DERNIER...
MAIIIIIIITRE NAGEUR ! NE PANIQUEZ PAS...
JE VOUS TIENS, TOUT VA BIEN !!!

VDM

Aujourd'hui, ni vu ni connu...

BON... JE ME LANCE ?...
PFFF, CE QUE JE PEUX ÊTRE COINCÉE ALORS...
ALLEZ HOP, SI JE LE FAIS PAS ICI EN VACANCES, JE LE FERAI JAMAIS !
EH BEN VOILÀ, C'ÉTAIT PAS SI COMPLIQUÉ...
TIENS...
BONJOUR...
HEU... BONJOUR PATRON.

VDM

Aujourd'hui, je me sens belle à croquer...

AAAH, C'ÉTAIT COOL UNE APRÈS-MIDI PLAGE...
C'EST MON MEC QUI VA ÊTRE RAVI DE MON SUPER BRONZAGE...
SALUT...
SALUT...
ALORS ? ÇA TE PLAIT?
ÇA VA PAS ? TU AS UN PROBLÈME ?
J'ARRIVE PAS... C'EST TA FOUFOUNE TOUTE BLANCHE, J'AI L'IMPRESSION DE FAIRE L'AMOUR À UN TRIANGLE DE SIGNALISATION...

Aujourd'hui, j'avais trop envie...

RHAAAA, IMPOSSIBLE DE FAIRE PIPI SUR CETTE PLAGE, J'EN PEUX PLUS !
OUF ! L'ASCENSEUR EST LÀ...
ALLEZ, VITE, AU CINQUIÈME !
1... VIIITE
2... VIIIIIITE...
3... VIIIIIIIITEE !!!
NOOON... À FORCE DE SAUTER, J'AI...
... J'AI BLOQUÉ L'ASCENSEUR...

VDM

Aujourd'hui, encore une belle journée qui nous sourit...

HE MADAME, T'AS PAS UNE CIGARETTE S'IL TE PLAIT ?
AH NON DESOLEE JE NE FUME PAS...
VAS-Y, MENS PAS, T'AS LES DENTS SUPER-JAUNES, TU FUMES, C'EST OBLIGÉ !

VDM

Aujourd'hui, je renoue avec la nature...

C'EST VRAIMENT SYMPA LE CANOË.
TIENS, REGARDE ÇA...
QUELLE DOUCEUR CES ALGUES...
LES MORCEAUX QUE VOUS VOYEZ DANS L'EAU, CE SONT DES CROTTES DE RAGONDINS.

Aujourd'hui, système D...

AAAH, C'ETAIT GENIAL CES VACANCES...
OH NON, J'AI EMBARQUE SANS FAIRE GAFFE LES CLES DE L'HÔTEL...
NO PROBLEMO, HOP DANS UNE ENVELOPPE À L'ADRESSE DE L'HÔTEL.
ET VOILÀ...
POSTE
ALLEZ, REPRISE DU BOULOT... LES MEILLEURS CHOSES ONT UNE FIN...
OÙ J'AI MIS MES CLES DE VOITURE ?...
AH... ELLES SONT LÀ...
HEIN, LES CLES DE L'HÔTEL ?
C'EST SÛR, ELLE VA MOINS BIEN DEMARRER ...

VDM

Aujourd'hui, ma mère le boulet a encore fait son show...

ALORS CES VACANCES, C'ÉTAIT BIEN ?
EXTRA !
OUI, NOUS AVONS EU UN TEMPS SUPERBE !
LES FILLES ONT PASSÉ LEUR SEMAINE À LA PLAGE DU MATIN AU SOIR
HEIN QUE VOUS EN AVEZ BIEN PROFITÉ ?
OUIIII...
REGARDEZ COMME ELLE EST BRONZÉE...
MAMAAAAN !!!
OUPS...

VDM

Aujourd'hui, je rêve d'une lueur au bout du tunnel...

SCCHCCCPPRLLLL BBBL
RHAAA, J'EN PEUX PLUS DE CETTE TURISTA... MERCI LES VACANCES À BALI...
MIRACLE ! IL RESTAIT UN DERNIER SACHET DE SMECTA AU FOND DE MON SAC !
GROUIK !
SCHPRLLLBBLLL
MAIS QUEL COOOON ! JE L'AI DILUÉ À L'EAU DU ROBINET !!!

Aujourd'hui, j'avais juste trop besoin d'être rassurée...

PRETE POUR UNE JOURNEE PLAGE ?
NON, JE VIENS PAS...
??? POURQUOI ?
JE SUIS PAS À L'AISE EN MAILLOT...
MAIS ENFIN, QU'EST-CE QUE TU RACONTES ?
REGARDE, TU VOIS BIEN QUE ÇA ME VA PAS...
MAIS ARRETE, TU ES SUPER JOLIE !
HEIN QUE ÇA LUI VA BIEN ?
OUI OUI... PAR CONTRE, EVITE LE GRIS SINON LES GENS VONT ESSAYER DE TE ROULER POUR TE REMETTRE À LA MER.

VDM

Aujourd'hui, je me suis fait draguée dès mon premier jour de plage...

AH... C'EST SYMPA, T'ES VENUE AVEC TON ÉCUREUIL... IL S'APPELLE COMMENT ?

VDM

Aujourd'hui, je n'ai pas pu m'empêcher...

TIENS, AU LIEU DE GLANDER, TU ME METS DE LA CRÈME ?
MMMH... MERCI !
AAAH, C'ETAIT COOL UNE APRÈM PLAGE.
DIS-MOI, T'ES SÛR QUE TU M'AS BIEN MIS LA CRÈME ?... ÇA ME BRÛLE...
ARF ! ALORS, C'EST QUI LE GLAND?

VDM

Aujourd'hui, j'ai 500 amis...

ALLEZ TIENS, UN PETIT TOUR SUR FACEBOOK...
JE VAIS VOIR QUI A REPONDU À MON INVITATION : " QUI VEUT FAIRE UN TRUC AVEC MOI POUR LES VACANCES D'ÉTÉ ?"
500 AMIS ET AUCUNE RÉPONSE ?!
BON... JE VOIS QU'UNE CHOSE À FAIRE...
ALORS, TOUT D'ABORD CRÉER UN COMPTE IMAGINAIRE... APPELONS LE ALEX...PUIS JE LE METS DANS MES AMIS...
TAP TAP
ET LÀ J'ÉCRIS : "OUI, TROP BIEN ! MOI, ALEX, JE VEUX FAIRE UN TRUC AVEC TOI !"
PFFF... LA LOOSE...

VDM

Aujourd'hui, c'est le premier jour des vacances...

MMMH... JE SENS QUE JE VAIS BIENTÔT AVOIR MES RÈGLES...
EUH... AU MOINS ON S'OFFRE UN PETIT MOMENT COOL PENDANT QU'ON PEUT ENCORE ?
SUPER IDÉE... ALLEZ HOP ! PISCINE !

VDM

Aujourd'hui, petite balade au lac pour me rafraîchir les idées...

ALLEZ, HOP, À LA BAILLE, ÇA VA TE SECOUER LES PUCES !
C'EST BIEN MON CHIEN !
DZIZIN
AH, MON PORTABLE...
OUI, ALLÔ ?
WOUW
whou
WOUW!
whou!
WOU!
whou!
whou
WOU!
WOUW
WOUW
NON, C'EST MON CHIEN QUI ... ATTENDEZ UNE SECONDE ...
Whouh!
WOUW!
WOUW!
WOUW
WOUW
wouh!
WOUW!
WOUW
WOUW!
VA CHERCHER !
WOUW!

Aujourd'hui, en plein trip d'évasion et de liberté...

AAAH, LES VACANCES AU MAROC, LE PIED...
?
MONSIEUR, VOUS ROULIEZ À 95 AU LIEU DE 50...
ÇA VA VOUS COÛTER CHER !
MAIS NON ENFIN...
ET OÙ SE TROUVE LE RADAR ?
IL EST LÀ LE RADAR !

VDM

Aujourd'hui, ouverture de la chasse...

ZZZZZZZZZZZZ
RHAAA, C'EST CHIANT CES MOUSTIQUES !!!
ALLEZ, CALME-TOI, TU ES TROP À CRAN, ON EST EN VACANCES !
ZZZZZZZ
CLAC !
AHAHAH ! JE L'AI EUE CETTE SALETÉ !!
BRAVO MON CHÉRI, ALLEZ BONNE NUIT !
ZZZZZZZZZ
ZZZZZ
CLAC ! AAAÏE !!!
LE NEZ CASSÉ PARCE QUE VOUS AVEZ FAIT UNE BLAGUE À VOTRE AMI EN IMITANT LE MOUSTIQUE ???
J'AI DU MAL À SUIVRE ...

VDM

Aujourd'hui, j'ai pu voir la réalité en face...

C'EST PAS POSSIBLE CE QU'ELLES SONT ÉTROITES CES CABINES DE PISCINE....
OBLIGÉ DE SE CONTORSIONNER ...
TIENS ?... UN TROU QUI DONNE SUR LA CABINE VOISINE...
NON, JE VAIS QUAND MÊME PAS OSER...
RAH, ALLEZ, JE ME LANCE ...
AVEC UN PEU DE CHANCE, C'EST P'T'ÊTRE ...
UN OEIL ???

Aujourd'hui, j'ai appris à parler hongrois...

RHAAA, SE CHOPER UNE TURISTA AU BEAU MILIEU DE LA HONGRIE, 'Y A QUE MOI...
UNE PHARMACIE... SAUVÉ !
BONJOUR, VOUS AURIEZ QUELQUE CHOSE POUR LES PROBLÈMES INTESTINAUX ?...
SOMETHING FOR THE ... YOU KNOW ? STOMACH... DIARRHEA...
ELLE COMPREND NI FRANÇAIS... NI ANGLAIS...
BON BEN JE VOIS PLUS QU'UNE SOLUTION...
PRRRRRRRRRRRROUUUUT, PRRRRT FLLLLLL FLOUCHFLLLL PRRRRRRRT FLLLOOOUCH !!!

Aujourd'hui, j'ai tout de suite senti les bonnes ondes dans cet appart...

EXCELLENT CE MATELAS GONFLABLE !
JE SENS QUE ÇA VA ÊTRE DES SUPER VACANCES !
PREMIÈRE ETAPE : SE METTRE À L'AISE.
BONG!
MON I-PHONE !!!

VDM

Aujourd'hui, je travaille mon style sur les pistes...

OUPS... PIPI URGENT ...
PLANQUEE DANS LES ARBRES, ÇA SE TENTE...
AAAAAAAH !!!

VDM

Aujourd'hui, enfin une aventure qui envoie du rêve...

EH EH, UNE SEMAINE EN CAMPING ENTRE POTES, ÇA VA ÊTRE UNE TUERIE !
TU AS FINI DE PRÉPARER TES AFFAIRES ?
PAS TOUT À FAIT, M'MAN ...
TIENS, METS ÇA DANS TON SAC ...
UN PRÉSERVATIF ???
AU CAS OÙ TU FERAIS DES RENCONTRES ...
JE T'AI MIS DES KLEENEX AUSSI, AU CAS OÙ TU N'EN FERAIS PAS....

Aujourd'hui, mon jour de gloire est arrivé...

EH, VENEZ VOIR, AU 20 H DE TF1 Y A UN SUJET SUR LES VACANCES ET C'EST TOURNÉ DANS LE COIN !
ÇA ALORS, REGARDEZ, C'EST LA PLAGE OÙ ON VA TOUS LES JOURS !
EH, MAIS... C'EST TOI LÀ, EN ARRIÈRE-PLAN !
AH AH AH, LA FRANCE ENTIÈRE VIENT DE TE VOIR EN TRAIN DE TE GRATTER LES FESSES !!!
T'ES UNE STAR MAINTENANT !
AH AH AH !!!

VDM

Aujourd'hui, mon chéri m'a prouvé à quel point il me connaît bien...

AH AU FAIT, J'AI ANNULÉ NOS VACANCES...
COMME ÇA TOMBAIT PENDANT TES RÈGLES, ÇA AURAIT PAS ÉTÉ DE VRAIES VACANCES...

Aujourd'hui, j'ai fait une super touche...

C'EST LA PREMIÈRE FOIS QUE JE FAIS ÇA DANS UNE TENTE, ET TOI ?
MMMH...
GUILING
ÇA MORD !
ÇA MORD ???
GUILING
GUILING
J'AI MIS UNE CLOCHETTE À MA CANNE À PÊCHE POUR M'AVERTIR À LA MOINDRE TOUCHE...
OUH LÀ, ÇA A L'AIR D'ÊTRE UN GROS CELUI-LÀ !

VDM

Aujourd'hui, encore un grand pas vers le bonheur...

PLUS QUE TROIS JOURS ET À MOI LES VACANCES AUX CARAÏBES ! J'AI HAAATE !
OUPS !
GRBLBLOUMGRBLU
VACANCES FOUTUES. JE SUIS MAUDITE !
T'INQUIÈTE, J'AI UNE SURPRISE POUR TOI, MIEUX QUE LES CARAÏBES...
UN BLOC DE CANARD WC POUR FAIRE LAGON BLEU DANS LES TOILETTES !

VDM

Aujourd'hui, je m'évade en première classe...

ÇA Y EST, ON A DÉCOLLÉ, C'EST PARTI POUR TROIS HEURES DE VOL...
J'ADORE L'AVION, CETTE QUIÉTUDE, CETTE SENSATION DE S'ÉLEVER AU-DESSUS DU QUOTIDIEN...
TURBULEEEEEENCES !
TURBULEEEEEENCES ! TURBULEEEEEENCES !

VDM

Aujourd'hui, j'ai été l'objet de toutes les attentions...

ATTEND MON COEUR, AMOUR DE MA VIE... T'AS UN FIL DE MAILLOT QUI DÉPASSE... JE M'EN OCCUPE...
MON TAMPON !

VDM

Aujourd'hui, je me sens comme un poisson dans l'eau...

AAAAH, VOGUER SUR UN CATAMARAN AU LARGE DES ANTILLES, ÇA C'EST LA VIE...
TOUTES LES COPINES VONT ÊTRE JALOUSES DE MON BRONZAGE.
AU MENU DE CE SOIR, C'EST THON GRILLÉ ?!

VDM

Aujourd'hui, c'est bonne ambiance et souvenirs de vacances...

DIS DONC, ELLE EST VRAIMENT SYMPA LA VIDÉO DE VOS VACANCES...
OUI, JE SUIS SURPRISE QUE TON PÈRE S'EN SOIT AUSSI BIEN TIRÉ !
MAIS... ET LÀ, PAPA, TU FILMAIS QUOI ?
BEN, JE SAIS PAS...
AH AH AH !!! TU AS OUBLIÉ D'ÉTEINDRE LA CAMÉRA ACCROCHÉE À TON COU !
AHAHAH!
ET LÀ C'EST QUOI ?
PSSSSSSS
GLBLBLLBL
PSSSSSSS
AAAH, LES CHUTES DU NIAGARA !!!
GLLBLLBLGGBLLL

VDM

Aujourd'hui, je rencontre mes futurs beaux-parents pour la première fois...

YOP !
FAUT QUE J'ASSURE...
ILS SONT EN CAMPING À LA PLAGE, ALORS, YOP, TENUE DÉCONTRACTÉE !
C'EST TOUJOURS LA PREMIÈRE IMPRESSION QUI COMPTE !
ENCHANTÉE...
VOUS ARRIVEZ PILE À L'HEURE POUR LES BROCHETTES DE ROGNONS !

VDM

Aujourd'hui, j'ai eu un ticket inespéré pour finir la soirée...

VOILÀ, C'EST CHEZ MOI...
JE TE SERS QUELQUE CHOSE À BOIRE?
OUPS ! J'AI PAS DE CAPOTES !
JE VEUX BIEN MERCI... JE REVIENS, J'AI OUBLIÉ UN TRUC...
OK.
RHAAA, DIX FOIS QUE JE FAIS LE TOUR DU QUARTIER POUR TROUVER UN DISTRIBUTEUR...
POUR UNE FOIS QUE JE RENCONTRE UNE FILLE PAS FAROUCHE ...
YES ! ENFIN !
BON, C'EST PAR OÙ DÉJÀ SA MAISON ?
J'SUIS PASSÉ DANS CETTE RUE OU PAS ?
OU ALORS, C'ÉTAIT CELLE D'APRÈS?...
SUPER... JE SAIS PLUS OÙ ELLE HABITE... MAIS AU MOINS J'AI DES CAPOTES...

VDM

Aujourd'hui, ich bin la traductrice officielle pour mes copines...

ÇA TE DÉRANGE PAS SI MA CORRESPONDANTE ALLEMANDE VIENT AVEC NOUS ?
NON NON, MAIS JE COMPRENDS PAS L'ALLEMAND.
T'INQUIÈTE, JE TE TRADUIRAI... AH, LA VOILÀ,
LAURA !
HALLO !
HALLO !
WIE BISTE DOU ? ESSE ISTE MAINE FREUDINE, SAIE KEISSTE MARIE.
WILLSTE DOU DAY STAD BESSOUCHEUNE ?
PARLE FRANZAIS Z'IL TE PLAIT, JE NE COMPRENDS PAS QUAND TU PARLES ALLEMAND...

Aujourd'hui, enfin au soleil, je commence à déstresser un peu...

M'MAN, TU VIENS PAS TE BAIGNER ?
NON, L'EAU EST TROP FROIDE POUR MOI, JE PRÉFÈRE BRONZER...
BON TANT PIS POUR TOI.
J'AI UNE CRAMPE ! J'ARRIVE PLUS À NAGER !
MA CHERIE... MAMAN ARRIVE !!!
TU VOIS QU'ELLE EST PAS FROIDE !

VDM

Aujourd'hui, exhibition de mon joli bronzage à mon mari...

AH AH !!! C'EST MARRANT T'AS PRIS UN COUP DE SOLEIL PARTOUT SAUF ENTRE TES BOURRELETS !
DU COUP ÇA FAIT TOMATE CROISÉE AVEC UN ZÈBRE.

VDM

Aujourd'hui, c'est Alerte à Malibu...

J'Y CROIS PAS ! UN FLIC EN TRAIN DE METTRE UN PV SUR MA VOITURE !!!
VA FALLOIR QU'IL M'EXPLIQUE, CE CON !!!
AAAH LA MAUVAISE VAAAGUE !
CRRR
POK
RHAAA LA HARGNE, QUOI !!!
VOUS AVEZ UN PNEU DEGONFLE LA, MAIS J'AI MIS UN PETIT MOT POUR VOUS PREVENIR !
BONNE JOURNEE ...

Aujourd'hui, j'ai eu le courage de me mettre en maillot...

OUPS, MON HAUT M'A LACHE QUAND J'AI PLONGE !
RHAAA, MAIS C'EST PAS VRAI, IMPOSSIBLE DE LE REMETTRE...
PAS EVIDENT DE LE RACCROCHER SOUS L'EAU TOUT EN FLOTTANT.
NE VOUS INQUIETEZ PAS TOUT VA BIEN.

VDM

Aujourd'hui, j'ai bénéficié d'un service à bord personnalisé...

OUPS... MAL AU VENTRE... ÇA ME FAIT TOUJOURS ÇA QUAND JE PARS EN VACANCES EN AVION...
COOL, LES TOILETTES SONT JUSTE LÀ.
AAAH, ÇA VA MIEUX.
PSSHHT

VDM

Aujourd'hui, j'ai atomisé un moustique à la bombe...

ZZZZZZZZZZZZZZZzzz
RHÂÂ, NOON.., UN MOUSTIQUE !
JE VAIS CHERCHER L'INSECTICIDE...
MAIS JE VAIS PAS ALLUMER SINON IL VA SE BARRER DANS L'AUTRE PIÈCE...
CLING
CLONG
CLONG
CLING
RHA OÙ JE L'AI FOUTU CET INSECTICIDE ?...
AH ! LE VOILÀ !
ALORS, IL EST OÙ LE MONSTRE ?
ZZZZZZZZZZZZZZ
AH, IL EST JUSTE LÀ...
TIENS ! PRENDS ÇA !
PSSSHHHT !
TIENS !
AHAH !
ET ÇA !
PSH.. PSHHT..
PSSHH...
PSHHHHHTTT.....
HÉ HÉ HÉ... JE L'ENTENDS PLUS...
JE VAIS RALLUMER POUR VOIR ..
OOOOPS ! BOMBE DE PEINTURE.

Aujourd'hui, j'avais vraiment l'impression d'être seule au monde...

PFFF, LES SUPER VACANCES DE BOUSEUX CHEZ LES GRANDS-PARENTS... ON S'EMMEEEEERDE...
ET PAS LE MOINDRE RESEAU... QUEL TROU PAUMÉ...
EH MAIS PEUT-ÊTRE QU'EN GRIMPANT SUR LE TOIT JE CAPTERAI QUELQUE CHOSE...
YES, J'AI UN SMS DE THÉO !
BIP BIP
ENFIN UN TRUC SYMPA DANS CES VACANCES POURRIES !
JE TE QUITTE.

VDM